This Book Belongs To :

_____

Index

Name	Page
Email	1
Banking	6
Health	11
Work	16
Computer	21
Social Media	26
Software	31
Real Estate	36
Education	41
Media	46
Shopping	51
Home	56
Web	61
Travel	66
Reward	71
Sports	76
Memberships	81
Kids	86

Email

Website :

Username : _____
E-mail : _____
Password : _____
Contact : _____
Notes : _____
Last Updated : _____

Website :

Username : _____
E-mail : _____
Password : _____
Contact : _____
Notes : _____
Last Updated : _____

Website :

Username : _____
E-mail : _____
Password : _____
Contact : _____
Notes : _____
Last Updated : _____

Website :

Username : _____
E-mail : _____
Password : _____
Contact : _____
Notes : _____
Last Updated : _____

Email

Website :

Username : _____
E-mail : _____
Password : _____
Contact : _____
Notes : _____
Last Updated : _____

Website :

Username : _____
E-mail : _____
Password : _____
Contact : _____
Notes : _____
Last Updated : _____

Website :

Username : _____
E-mail : _____
Password : _____
Contact : _____
Notes : _____
Last Updated : _____

Website :

Username : _____
E-mail : _____
Password : _____
Contact : _____
Notes : _____
Last Updated : _____

Email

Website :

Username : _____

E-mail : _____

Password : _____

Contact : _____

Notes : _____

Last Updated : _____

Website :

Username : _____

E-mail : _____

Password : _____

Contact : _____

Notes : _____

Last Updated : _____

Website :

Username : _____

E-mail : _____

Password : _____

Contact : _____

Notes : _____

Last Updated : _____

Website :

Username : _____

E-mail : _____

Password : _____

Contact : _____

Notes : _____

Last Updated : _____

Email

Website :

Username : _____
E-mail : _____
Password : _____
Contact : _____
Notes : _____
Last Updated : _____

Website :

Username : _____
E-mail : _____
Password : _____
Contact : _____
Notes : _____
Last Updated : _____

Website :

Username : _____
E-mail : _____
Password : _____
Contact : _____
Notes : _____
Last Updated : _____

Website :

Username : _____
E-mail : _____
Password : _____
Contact : _____
Notes : _____
Last Updated : _____

Email

Website :

Username : _____

E-mail : _____

Password : _____

Contact : _____

Notes : _____

Last Updated : _____

Website :

Username : _____

E-mail : _____

Password : _____

Contact : _____

Notes : _____

Last Updated : _____

Website :

Username : _____

E-mail : _____

Password : _____

Contact : _____

Notes : _____

Last Updated : _____

Website :

Username : _____

E-mail : _____

Password : _____

Contact : _____

Notes : _____

Last Updated : _____

Banking

Website :

Username : _____
E-mail : _____
Password : _____
Contact : _____
Notes : _____
Last Updated : _____

Website :

Username : _____
E-mail : _____
Password : _____
Contact : _____
Notes : _____
Last Updated : _____

Website :

Username : _____
E-mail : _____
Password : _____
Contact : _____
Notes : _____
Last Updated : _____

Website :

Username : _____
E-mail : _____
Password : _____
Contact : _____
Notes : _____
Last Updated : _____

Banking

Website :

Username : _____
E-mail : _____
Password : _____
Contact : _____
Notes : _____
Last Updated : _____

Website :

Username : _____
E-mail : _____
Password : _____
Contact : _____
Notes : _____
Last Updated : _____

Website :

Username : _____
E-mail : _____
Password : _____
Contact : _____
Notes : _____
Last Updated : _____

Website :

Username : _____
E-mail : _____
Password : _____
Contact : _____
Notes : _____
Last Updated : _____

Banking

Website :

Username : _____
E-mail : _____
Password : _____
Contact : _____
Notes : _____
Last Updated : _____

Website :

Username : _____
E-mail : _____
Password : _____
Contact : _____
Notes : _____
Last Updated : _____

Website :

Username : _____
E-mail : _____
Password : _____
Contact : _____
Notes : _____
Last Updated : _____

Website :

Username : _____
E-mail : _____
Password : _____
Contact : _____
Notes : _____
Last Updated : _____

Banking

Website :

Username : _____

E-mail : _____

Password : _____

Contact : _____

Notes : _____

Last Updated : _____

Website :

Username : _____

E-mail : _____

Password : _____

Contact : _____

Notes : _____

Last Updated : _____

Website :

Username : _____

E-mail : _____

Password : _____

Contact : _____

Notes : _____

Last Updated : _____

Website :

Username : _____

E-mail : _____

Password : _____

Contact : _____

Notes : _____

Last Updated : _____

Banking

Website :

Username : _____
E-mail : _____
Password : _____
Contact : _____
Notes : _____
Last Updated : _____

Website :

Username : _____
E-mail : _____
Password : _____
Contact : _____
Notes : _____
Last Updated : _____

Website :

Username : _____
E-mail : _____
Password : _____
Contact : _____
Notes : _____
Last Updated : _____

Website :

Username : _____
E-mail : _____
Password : _____
Contact : _____
Notes : _____
Last Updated : _____

Health

Website :

Username : _____

E-mail : _____

Password : _____

Contact : _____

Notes : _____

Last Updated : _____

Website :

Username : _____

E-mail : _____

Password : _____

Contact : _____

Notes : _____

Last Updated : _____

Website :

Username : _____

E-mail : _____

Password : _____

Contact : _____

Notes : _____

Last Updated : _____

Website :

Username : _____

E-mail : _____

Password : _____

Contact : _____

Notes : _____

Last Updated : _____

Health

Website :

Username : _____
E-mail : _____
Password : _____
Contact : _____
Notes : _____
Last Updated : _____

Website :

Username : _____
E-mail : _____
Password : _____
Contact : _____
Notes : _____
Last Updated : _____

Website :

Username : _____
E-mail : _____
Password : _____
Contact : _____
Notes : _____
Last Updated : _____

Website :

Username : _____
E-mail : _____
Password : _____
Contact : _____
Notes : _____
Last Updated : _____

Health

Website :

Username : _____

E-mail : _____

Password : _____

Contact : _____

Notes : _____

Last Updated : _____

Website :

Username : _____

E-mail : _____

Password : _____

Contact : _____

Notes : _____

Last Updated : _____

Website :

Username : _____

E-mail : _____

Password : _____

Contact : _____

Notes : _____

Last Updated : _____

Website :

Username : _____

E-mail : _____

Password : _____

Contact : _____

Notes : _____

Last Updated : _____

Health

Website :

Username : _____
E-mail : _____
Password : _____
Contact : _____
Notes : _____
Last Updated : _____

Website :

Username : _____
E-mail : _____
Password : _____
Contact : _____
Notes : _____
Last Updated : _____

Website :

Username : _____
E-mail : _____
Password : _____
Contact : _____
Notes : _____
Last Updated : _____

Website :

Username : _____
E-mail : _____
Password : _____
Contact : _____
Notes : _____
Last Updated : _____

Health

Website :

Username : _____

E-mail : _____

Password : _____

Contact : _____

Notes : _____

Last Updated : _____

Website :

Username : _____

E-mail : _____

Password : _____

Contact : _____

Notes : _____

Last Updated : _____

Website :

Username : _____

E-mail : _____

Password : _____

Contact : _____

Notes : _____

Last Updated : _____

Website :

Username : _____

E-mail : _____

Password : _____

Contact : _____

Notes : _____

Last Updated : _____

Work

Website :

Username : _____

E-mail : _____

Password : _____

Contact : _____

Notes : _____

Last Updated : _____

Website :

Username : _____

E-mail : _____

Password : _____

Contact : _____

Notes : _____

Last Updated : _____

Website :

Username : _____

E-mail : _____

Password : _____

Contact : _____

Notes : _____

Last Updated : _____

Website :

Username : _____

E-mail : _____

Password : _____

Contact : _____

Notes : _____

Last Updated : _____

Work

Website :

Username : _____
E-mail : _____
Password : _____
Contact : _____
Notes : _____
Last Updated : _____

Website :

Username : _____
E-mail : _____
Password : _____
Contact : _____
Notes : _____
Last Updated : _____

Website :

Username : _____
E-mail : _____
Password : _____
Contact : _____
Notes : _____
Last Updated : _____

Website :

Username : _____
E-mail : _____
Password : _____
Contact : _____
Notes : _____
Last Updated : _____

Work

Website :

Username : _____

E-mail : _____

Password : _____

Contact : _____

Notes : _____

Last Updated : _____

Website :

Username : _____

E-mail : _____

Password : _____

Contact : _____

Notes : _____

Last Updated : _____

Website :

Username : _____

E-mail : _____

Password : _____

Contact : _____

Notes : _____

Last Updated : _____

Website :

Username : _____

E-mail : _____

Password : _____

Contact : _____

Notes : _____

Last Updated : _____

Work

Website :

Username : _____
E-mail : _____
Password : _____
Contact : _____
Notes : _____
Last Updated : _____

Website :

Username : _____
E-mail : _____
Password : _____
Contact : _____
Notes : _____
Last Updated : _____

Website :

Username : _____
E-mail : _____
Password : _____
Contact : _____
Notes : _____
Last Updated : _____

Website :

Username : _____
E-mail : _____
Password : _____
Contact : _____
Notes : _____
Last Updated : _____

Work

Website :

Username : _____
E-mail : _____
Password : _____
Contact : _____
Notes : _____
Last Updated : _____

Website :

Username : _____
E-mail : _____
Password : _____
Contact : _____
Notes : _____
Last Updated : _____

Website :

Username : _____
E-mail : _____
Password : _____
Contact : _____
Notes : _____
Last Updated : _____

Website :

Username : _____
E-mail : _____
Password : _____
Contact : _____
Notes : _____
Last Updated : _____

Computer

Website :

Username : _____
E-mail : _____
Password : _____
Contact : _____
Notes : _____
Last Updated : _____

Website :

Username : _____
E-mail : _____
Password : _____
Contact : _____
Notes : _____
Last Updated : _____

Website :

Username : _____
E-mail : _____
Password : _____
Contact : _____
Notes : _____
Last Updated : _____

Website :

Username : _____
E-mail : _____
Password : _____
Contact : _____
Notes : _____
Last Updated : _____

Computer

Website :

Username : _____
E-mail : _____
Password : _____
Contact : _____
Notes : _____
Last Updated : _____

Website :

Username : _____
E-mail : _____
Password : _____
Contact : _____
Notes : _____
Last Updated : _____

Website :

Username : _____
E-mail : _____
Password : _____
Contact : _____
Notes : _____
Last Updated : _____

Website :

Username : _____
E-mail : _____
Password : _____
Contact : _____
Notes : _____
Last Updated : _____

Computer

Website :

Username : _____

E-mail : _____

Password : _____

Contact : _____

Notes : _____

Last Updated : _____

Website :

Username : _____

E-mail : _____

Password : _____

Contact : _____

Notes : _____

Last Updated : _____

Website :

Username : _____

E-mail : _____

Password : _____

Contact : _____

Notes : _____

Last Updated : _____

Website :

Username : _____

E-mail : _____

Password : _____

Contact : _____

Notes : _____

Last Updated : _____

Computer

Website :

Username : _____
E-mail : _____
Password : _____
Contact : _____
Notes : _____
Last Updated : _____

Website :

Username : _____
E-mail : _____
Password : _____
Contact : _____
Notes : _____
Last Updated : _____

Website :

Username : _____
E-mail : _____
Password : _____
Contact : _____
Notes : _____
Last Updated : _____

Website :

Username : _____
E-mail : _____
Password : _____
Contact : _____
Notes : _____
Last Updated : _____

Computer

Website :

Username : _____

E-mail : _____

Password : _____

Contact : _____

Notes : _____

Last Updated : _____

Website :

Username : _____

E-mail : _____

Password : _____

Contact : _____

Notes : _____

Last Updated : _____

Website :

Username : _____

E-mail : _____

Password : _____

Contact : _____

Notes : _____

Last Updated : _____

Website :

Username : _____

E-mail : _____

Password : _____

Contact : _____

Notes : _____

Last Updated : _____

Social Media

Website :

Username : _____
E-mail : _____
Password : _____
Contact : _____
Notes : _____
Last Updated : _____

Website :

Username : _____
E-mail : _____
Password : _____
Contact : _____
Notes : _____
Last Updated : _____

Website :

Username : _____
E-mail : _____
Password : _____
Contact : _____
Notes : _____
Last Updated : _____

Website :

Username : _____
E-mail : _____
Password : _____
Contact : _____
Notes : _____
Last Updated : _____

Social Media

Website :

Username : _____

E-mail : _____

Password : _____

Contact : _____

Notes : _____

Last Updated : _____

Website :

Username : _____

E-mail : _____

Password : _____

Contact : _____

Notes : _____

Last Updated : _____

Website :

Username : _____

E-mail : _____

Password : _____

Contact : _____

Notes : _____

Last Updated : _____

Website :

Username : _____

E-mail : _____

Password : _____

Contact : _____

Notes : _____

Last Updated : _____

Social Media

Website :

Username : _____

E-mail : _____

Password : _____

Contact : _____

Notes : _____

Last Updated : _____

Website :

Username : _____

E-mail : _____

Password : _____

Contact : _____

Notes : _____

Last Updated : _____

Website :

Username : _____

E-mail : _____

Password : _____

Contact : _____

Notes : _____

Last Updated : _____

Website :

Username : _____

E-mail : _____

Password : _____

Contact : _____

Notes : _____

Last Updated : _____

Social Media

Website :

Username : _____

E-mail : _____

Password : _____

Contact : _____

Notes : _____

Last Updated : _____

Website :

Username : _____

E-mail : _____

Password : _____

Contact : _____

Notes : _____

Last Updated : _____

Website :

Username : _____

E-mail : _____

Password : _____

Contact : _____

Notes : _____

Last Updated : _____

Website :

Username : _____

E-mail : _____

Password : _____

Contact : _____

Notes : _____

Last Updated : _____

Social Media

Website :

Username : _____
E-mail : _____
Password : _____
Contact : _____
Notes : _____
Last Updated : _____

Website :

Username : _____
E-mail : _____
Password : _____
Contact : _____
Notes : _____
Last Updated : _____

Website :

Username : _____
E-mail : _____
Password : _____
Contact : _____
Notes : _____
Last Updated : _____

Website :

Username : _____
E-mail : _____
Password : _____
Contact : _____
Notes : _____
Last Updated : _____

Software

Website :

Username : _____
E-mail : _____
Password : _____
Contact : _____
Notes : _____
Last Updated : _____

Website :

Username : _____
E-mail : _____
Password : _____
Contact : _____
Notes : _____
Last Updated : _____

Website :

Username : _____
E-mail : _____
Password : _____
Contact : _____
Notes : _____
Last Updated : _____

Website :

Username : _____
E-mail : _____
Password : _____
Contact : _____
Notes : _____
Last Updated : _____

Software

Website :

Username : _____
E-mail : _____
Password : _____
Contact : _____
Notes : _____
Last Updated : _____

Website :

Username : _____
E-mail : _____
Password : _____
Contact : _____
Notes : _____
Last Updated : _____

Website :

Username : _____
E-mail : _____
Password : _____
Contact : _____
Notes : _____
Last Updated : _____

Website :

Username : _____
E-mail : _____
Password : _____
Contact : _____
Notes : _____
Last Updated : _____

Software

Website :

Username : _____
E-mail : _____
Password : _____
Contact : _____
Notes : _____
Last Updated : _____

Website :

Username : _____
E-mail : _____
Password : _____
Contact : _____
Notes : _____
Last Updated : _____

Website :

Username : _____
E-mail : _____
Password : _____
Contact : _____
Notes : _____
Last Updated : _____

Website :

Username : _____
E-mail : _____
Password : _____
Contact : _____
Notes : _____
Last Updated : _____

Software

Website :

Username : _____
E-mail : _____
Password : _____
Contact : _____
Notes : _____
Last Updated : _____

Website :

Username : _____
E-mail : _____
Password : _____
Contact : _____
Notes : _____
Last Updated : _____

Website :

Username : _____
E-mail : _____
Password : _____
Contact : _____
Notes : _____
Last Updated : _____

Website :

Username : _____
E-mail : _____
Password : _____
Contact : _____
Notes : _____
Last Updated : _____

Software

Website :

Username : _____

E-mail : _____

Password : _____

Contact : _____

Notes : _____

Last Updated : _____

Website :

Username : _____

E-mail : _____

Password : _____

Contact : _____

Notes : _____

Last Updated : _____

Website :

Username : _____

E-mail : _____

Password : _____

Contact : _____

Notes : _____

Last Updated : _____

Website :

Username : _____

E-mail : _____

Password : _____

Contact : _____

Notes : _____

Last Updated : _____

Real Estate

Website :

Username : _____
E-mail : _____
Password : _____
Contact : _____
Notes : _____
Last Updated : _____

Website :

Username : _____
E-mail : _____
Password : _____
Contact : _____
Notes : _____
Last Updated : _____

Website :

Username : _____
E-mail : _____
Password : _____
Contact : _____
Notes : _____
Last Updated : _____

Website :

Username : _____
E-mail : _____
Password : _____
Contact : _____
Notes : _____
Last Updated : _____

Real Estate

Website :

Username : _____
E-mail : _____
Password : _____
Contact : _____
Notes : _____
Last Updated : _____

Website :

Username : _____
E-mail : _____
Password : _____
Contact : _____
Notes : _____
Last Updated : _____

Website :

Username : _____
E-mail : _____
Password : _____
Contact : _____
Notes : _____
Last Updated : _____

Website :

Username : _____
E-mail : _____
Password : _____
Contact : _____
Notes : _____
Last Updated : _____

Real Estate

Website :

Username : _____
E-mail : _____
Password : _____
Contact : _____
Notes : _____
Last Updated : _____

Website :

Username : _____
E-mail : _____
Password : _____
Contact : _____
Notes : _____
Last Updated : _____

Website :

Username : _____
E-mail : _____
Password : _____
Contact : _____
Notes : _____
Last Updated : _____

Website :

Username : _____
E-mail : _____
Password : _____
Contact : _____
Notes : _____
Last Updated : _____

Real Estate

Website :

Username : _____

E-mail : _____

Password : _____

Contact : _____

Notes : _____

Last Updated : _____

Website :

Username : _____

E-mail : _____

Password : _____

Contact : _____

Notes : _____

Last Updated : _____

Website :

Username : _____

E-mail : _____

Password : _____

Contact : _____

Notes : _____

Last Updated : _____

Website :

Username : _____

E-mail : _____

Password : _____

Contact : _____

Notes : _____

Last Updated : _____

Real Estate

Website :

Username : _____
E-mail : _____
Password : _____
Contact : _____
Notes : _____
Last Updated : _____

Website :

Username : _____
E-mail : _____
Password : _____
Contact : _____
Notes : _____
Last Updated : _____

Website :

Username : _____
E-mail : _____
Password : _____
Contact : _____
Notes : _____
Last Updated : _____

Website :

Username : _____
E-mail : _____
Password : _____
Contact : _____
Notes : _____
Last Updated : _____

Education

Website :

Username : _____

E-mail : _____

Password : _____

Contact : _____

Notes : _____

Last Updated : _____

Website :

Username : _____

E-mail : _____

Password : _____

Contact : _____

Notes : _____

Last Updated : _____

Website :

Username : _____

E-mail : _____

Password : _____

Contact : _____

Notes : _____

Last Updated : _____

Website :

Username : _____

E-mail : _____

Password : _____

Contact : _____

Notes : _____

Last Updated : _____

Education

Username : _____
E-mail : _____
Password : _____
Contact : _____
Notes : _____
Last Updated : _____

Username : _____
E-mail : _____
Password : _____
Contact : _____
Notes : _____
Last Updated : _____

Username : _____
E-mail : _____
Password : _____
Contact : _____
Notes : _____
Last Updated : _____

Username : _____
E-mail : _____
Password : _____
Contact : _____
Notes : _____
Last Updated : _____

Education

Website :

Username : _____

E-mail : _____

Password : _____

Contact : _____

Notes : _____

Last Updated : _____

Website :

Username : _____

E-mail : _____

Password : _____

Contact : _____

Notes : _____

Last Updated : _____

Website :

Username : _____

E-mail : _____

Password : _____

Contact : _____

Notes : _____

Last Updated : _____

Website :

Username : _____

E-mail : _____

Password : _____

Contact : _____

Notes : _____

Last Updated : _____

Education

Website :

Username : _____

E-mail : _____

Password : _____

Contact : _____

Notes : _____

Last Updated : _____

Website :

Username : _____

E-mail : _____

Password : _____

Contact : _____

Notes : _____

Last Updated : _____

Website :

Username : _____

E-mail : _____

Password : _____

Contact : _____

Notes : _____

Last Updated : _____

Website :

Username : _____

E-mail : _____

Password : _____

Contact : _____

Notes : _____

Last Updated : _____

Education

Website :

Username : _____
E-mail : _____
Password : _____
Contact : _____
Notes : _____
Last Updated : _____

Website :

Username : _____
E-mail : _____
Password : _____
Contact : _____
Notes : _____
Last Updated : _____

Website :

Username : _____
E-mail : _____
Password : _____
Contact : _____
Notes : _____
Last Updated : _____

Website :

Username : _____
E-mail : _____
Password : _____
Contact : _____
Notes : _____
Last Updated : _____

Media

Website :

Username :

E-mail :

Password :

Contact :

Notes :

Last Updated :

Website :

Username :

E-mail :

Password :

Contact :

Notes :

Last Updated :

Website :

Username :

E-mail :

Password :

Contact :

Notes :

Last Updated :

Website :

Username :

E-mail :

Password :

Contact :

Notes :

Last Updated :

Media

Website :

Username : _____

E-mail : _____

Password : _____

Contact : _____

Notes : _____

Last Updated : _____

Website :

Username : _____

E-mail : _____

Password : _____

Contact : _____

Notes : _____

Last Updated : _____

Website :

Username : _____

E-mail : _____

Password : _____

Contact : _____

Notes : _____

Last Updated : _____

Website :

Username : _____

E-mail : _____

Password : _____

Contact : _____

Notes : _____

Last Updated : _____

Media

Website :

Username :_____
E-mail :_____
Password :_____
Contact :_____
Notes :_____
Last Updated :_____

Website :

Username :_____
E-mail :_____
Password :_____
Contact :_____
Notes :_____
Last Updated :_____

Website :

Username :_____
E-mail :_____
Password :_____
Contact :_____
Notes :_____
Last Updated :_____

Website :

Username :_____
E-mail :_____
Password :_____
Contact :_____
Notes :_____
Last Updated :_____

Media

Website :

Username : _____
E-mail : _____
Password : _____
Contact : _____
Notes : _____
Last Updated : _____

Website :

Username : _____
E-mail : _____
Password : _____
Contact : _____
Notes : _____
Last Updated : _____

Website :

Username : _____
E-mail : _____
Password : _____
Contact : _____
Notes : _____
Last Updated : _____

Website :

Username : _____
E-mail : _____
Password : _____
Contact : _____
Notes : _____
Last Updated : _____

Media

Website :

Username : _____
E-mail : _____
Password : _____
Contact : _____
Notes : _____
Last Updated : _____

Website :

Username : _____
E-mail : _____
Password : _____
Contact : _____
Notes : _____
Last Updated : _____

Website :

Username : _____
E-mail : _____
Password : _____
Contact : _____
Notes : _____
Last Updated : _____

Website :

Username : _____
E-mail : _____
Password : _____
Contact : _____
Notes : _____
Last Updated : _____

Shopping

Website :

Username : _____
E-mail : _____
Password : _____
Contact : _____
Notes : _____
Last Updated : _____

Website :

Username : _____
E-mail : _____
Password : _____
Contact : _____
Notes : _____
Last Updated : _____

Website :

Username : _____
E-mail : _____
Password : _____
Contact : _____
Notes : _____
Last Updated : _____

Website :

Username : _____
E-mail : _____
Password : _____
Contact : _____
Notes : _____
Last Updated : _____

Shopping

Website :

Username : _____

E-mail : _____

Password : _____

Contact : _____

Notes : _____

Last Updated : _____

Website :

Username : _____

E-mail : _____

Password : _____

Contact : _____

Notes : _____

Last Updated : _____

Website :

Username : _____

E-mail : _____

Password : _____

Contact : _____

Notes : _____

Last Updated : _____

Website :

Username : _____

E-mail : _____

Password : _____

Contact : _____

Notes : _____

Last Updated : _____

Shopping

Website :

Username : _____

E-mail : _____

Password : _____

Contact : _____

Notes : _____

Last Updated : _____

Website :

Username : _____

E-mail : _____

Password : _____

Contact : _____

Notes : _____

Last Updated : _____

Website :

Username : _____

E-mail : _____

Password : _____

Contact : _____

Notes : _____

Last Updated : _____

Website :

Username : _____

E-mail : _____

Password : _____

Contact : _____

Notes : _____

Last Updated : _____

Shopping

Website :

Username : _____

E-mail : _____

Password : _____

Contact : _____

Notes : _____

Last Updated : _____

Website :

Username : _____

E-mail : _____

Password : _____

Contact : _____

Notes : _____

Last Updated : _____

Website :

Username : _____

E-mail : _____

Password : _____

Contact : _____

Notes : _____

Last Updated : _____

Website :

Username : _____

E-mail : _____

Password : _____

Contact : _____

Notes : _____

Last Updated : _____

Shopping

Website :

Username : _____
E-mail : _____
Password : _____
Contact : _____
Notes : _____
Last Updated : _____

Website :

Username : _____
E-mail : _____
Password : _____
Contact : _____
Notes : _____
Last Updated : _____

Website :

Username : _____
E-mail : _____
Password : _____
Contact : _____
Notes : _____
Last Updated : _____

Website :

Username : _____
E-mail : _____
Password : _____
Contact : _____
Notes : _____
Last Updated : _____

Home

Website :

Username : _____

E-mail : _____

Password : _____

Contact : _____

Notes : _____

Last Updated : _____

Website :

Username : _____

E-mail : _____

Password : _____

Contact : _____

Notes : _____

Last Updated : _____

Website :

Username : _____

E-mail : _____

Password : _____

Contact : _____

Notes : _____

Last Updated : _____

Website :

Username : _____

E-mail : _____

Password : _____

Contact : _____

Notes : _____

Last Updated : _____

Home

Website :

Username : _____
E-mail : _____
Password : _____
Contact : _____
Notes : _____
Last Updated : _____

Website :

Username : _____
E-mail : _____
Password : _____
Contact : _____
Notes : _____
Last Updated : _____

Website :

Username : _____
E-mail : _____
Password : _____
Contact : _____
Notes : _____
Last Updated : _____

Website :

Username : _____
E-mail : _____
Password : _____
Contact : _____
Notes : _____
Last Updated : _____

Home

Website :

Username : _____
E-mail : _____
Password : _____
Contact : _____
Notes : _____
Last Updated : _____

Website :

Username : _____
E-mail : _____
Password : _____
Contact : _____
Notes : _____
Last Updated : _____

Website :

Username : _____
E-mail : _____
Password : _____
Contact : _____
Notes : _____
Last Updated : _____

Website :

Username : _____
E-mail : _____
Password : _____
Contact : _____
Notes : _____
Last Updated : _____

Home

Website :

Username : _____

E-mail : _____

Password : _____

Contact : _____

Notes : _____

Last Updated : _____

Website :

Username : _____

E-mail : _____

Password : _____

Contact : _____

Notes : _____

Last Updated : _____

Website :

Username : _____

E-mail : _____

Password : _____

Contact : _____

Notes : _____

Last Updated : _____

Website :

Username : _____

E-mail : _____

Password : _____

Contact : _____

Notes : _____

Last Updated : _____

Home

Website :

Username : _____
E-mail : _____
Password : _____
Contact : _____
Notes : _____
Last Updated : _____

Website :

Username : _____
E-mail : _____
Password : _____
Contact : _____
Notes : _____
Last Updated : _____

Website :

Username : _____
E-mail : _____
Password : _____
Contact : _____
Notes : _____
Last Updated : _____

Website :

Username : _____
E-mail : _____
Password : _____
Contact : _____
Notes : _____
Last Updated : _____

Web

Website :

Username : _____
E-mail : _____
Password : _____
Contact : _____
Notes : _____
Last Updated : _____

Website :

Username : _____
E-mail : _____
Password : _____
Contact : _____
Notes : _____
Last Updated : _____

Website :

Username : _____
E-mail : _____
Password : _____
Contact : _____
Notes : _____
Last Updated : _____

Website :

Username : _____
E-mail : _____
Password : _____
Contact : _____
Notes : _____
Last Updated : _____

Web

Website :

Username : _____
E-mail : _____
Password : _____
Contact : _____
Notes : _____
Last Updated : _____

Website :

Username : _____
E-mail : _____
Password : _____
Contact : _____
Notes : _____
Last Updated : _____

Website :

Username : _____
E-mail : _____
Password : _____
Contact : _____
Notes : _____
Last Updated : _____

Website :

Username : _____
E-mail : _____
Password : _____
Contact : _____
Notes : _____
Last Updated : _____

Web

Website :

Username : _____
E-mail : _____
Password : _____
Contact : _____
Notes : _____
Last Updated : _____

Website :

Username : _____
E-mail : _____
Password : _____
Contact : _____
Notes : _____
Last Updated : _____

Website :

Username : _____
E-mail : _____
Password : _____
Contact : _____
Notes : _____
Last Updated : _____

Website :

Username : _____
E-mail : _____
Password : _____
Contact : _____
Notes : _____
Last Updated : _____

Web

Website :

Username : _____

E-mail : _____

Password : _____

Contact : _____

Notes : _____

Last Updated : _____

Website :

Username : _____

E-mail : _____

Password : _____

Contact : _____

Notes : _____

Last Updated : _____

Website :

Username : _____

E-mail : _____

Password : _____

Contact : _____

Notes : _____

Last Updated : _____

Website :

Username : _____

E-mail : _____

Password : _____

Contact : _____

Notes : _____

Last Updated : _____

Web

Website :

Username : _____
E-mail : _____
Password : _____
Contact : _____
Notes : _____
Last Updated : _____

Website :

Username : _____
E-mail : _____
Password : _____
Contact : _____
Notes : _____
Last Updated : _____

Website :

Username : _____
E-mail : _____
Password : _____
Contact : _____
Notes : _____
Last Updated : _____

Website :

Username : _____
E-mail : _____
Password : _____
Contact : _____
Notes : _____
Last Updated : _____

Travel

Website :

Username : _____

E-mail : _____

Password : _____

Contact : _____

Notes : _____

Last Updated : _____

Website :

Username : _____

E-mail : _____

Password : _____

Contact : _____

Notes : _____

Last Updated : _____

Website :

Username : _____

E-mail : _____

Password : _____

Contact : _____

Notes : _____

Last Updated : _____

Website :

Username : _____

E-mail : _____

Password : _____

Contact : _____

Notes : _____

Last Updated : _____

Travel

Website :

Username : _____
E-mail : _____
Password : _____
Contact : _____
Notes : _____
Last Updated : _____

Website :

Username : _____
E-mail : _____
Password : _____
Contact : _____
Notes : _____
Last Updated : _____

Website :

Username : _____
E-mail : _____
Password : _____
Contact : _____
Notes : _____
Last Updated : _____

Website :

Username : _____
E-mail : _____
Password : _____
Contact : _____
Notes : _____
Last Updated : _____

Travel

Website :

Username : _____

E-mail : _____

Password : _____

Contact : _____

Notes : _____

Last Updated : _____

Website :

Username : _____

E-mail : _____

Password : _____

Contact : _____

Notes : _____

Last Updated : _____

Website :

Username : _____

E-mail : _____

Password : _____

Contact : _____

Notes : _____

Last Updated : _____

Website :

Username : _____

E-mail : _____

Password : _____

Contact : _____

Notes : _____

Last Updated : _____

Travel

Website :

Username : _____
E-mail : _____
Password : _____
Contact : _____
Notes : _____
Last Updated : _____

Website :

Username : _____
E-mail : _____
Password : _____
Contact : _____
Notes : _____
Last Updated : _____

Website :

Username : _____
E-mail : _____
Password : _____
Contact : _____
Notes : _____
Last Updated : _____

Website :

Username : _____
E-mail : _____
Password : _____
Contact : _____
Notes : _____
Last Updated : _____

Travel

Website :

Username : _____
E-mail : _____
Password : _____
Contact : _____
Notes : _____
Last Updated : _____

Website :

Username : _____
E-mail : _____
Password : _____
Contact : _____
Notes : _____
Last Updated : _____

Website :

Username : _____
E-mail : _____
Password : _____
Contact : _____
Notes : _____
Last Updated : _____

Website :

Username : _____
E-mail : _____
Password : _____
Contact : _____
Notes : _____
Last Updated : _____

Reward

Website :

Username : _____
E-mail : _____
Password : _____
Contact : _____
Notes : _____
Last Updated : _____

Website :

Username : _____
E-mail : _____
Password : _____
Contact : _____
Notes : _____
Last Updated : _____

Website :

Username : _____
E-mail : _____
Password : _____
Contact : _____
Notes : _____
Last Updated : _____

Website :

Username : _____
E-mail : _____
Password : _____
Contact : _____
Notes : _____
Last Updated : _____

Reward

Website :

Username : _____
E-mail : _____
Password : _____
Contact : _____
Notes : _____
Last Updated : _____

Website :

Username : _____
E-mail : _____
Password : _____
Contact : _____
Notes : _____
Last Updated : _____

Website :

Username : _____
E-mail : _____
Password : _____
Contact : _____
Notes : _____
Last Updated : _____

Website :

Username : _____
E-mail : _____
Password : _____
Contact : _____
Notes : _____
Last Updated : _____

Reward

Website :

Username : _____

E-mail : _____

Password : _____

Contact : _____

Notes : _____

Last Updated : _____

Website :

Username : _____

E-mail : _____

Password : _____

Contact : _____

Notes : _____

Last Updated : _____

Website :

Username : _____

E-mail : _____

Password : _____

Contact : _____

Notes : _____

Last Updated : _____

Website :

Username : _____

E-mail : _____

Password : _____

Contact : _____

Notes : _____

Last Updated : _____

Reward

Website :

Username :_____
E-mail :_____
Password :_____
Contact :_____
Notes :_____
Last Updated :_____

Website :

Username :_____
E-mail :_____
Password :_____
Contact :_____
Notes :_____
Last Updated :_____

Website :

Username :_____
E-mail :_____
Password :_____
Contact :_____
Notes :_____
Last Updated :_____

Website :

Username :_____
E-mail :_____
Password :_____
Contact :_____
Notes :_____
Last Updated :_____

Reward

Website :

Username : _____

E-mail : _____

Password : _____

Contact : _____

Notes : _____

Last Updated : _____

Website :

Username : _____

E-mail : _____

Password : _____

Contact : _____

Notes : _____

Last Updated : _____

Website :

Username : _____

E-mail : _____

Password : _____

Contact : _____

Notes : _____

Last Updated : _____

Website :

Username : _____

E-mail : _____

Password : _____

Contact : _____

Notes : _____

Last Updated : _____

Sports

Website :

Username : _____
E-mail : _____
Password : _____
Contact : _____
Notes : _____
Last Updated : _____

Website :

Username : _____
E-mail : _____
Password : _____
Contact : _____
Notes : _____
Last Updated : _____

Website :

Username : _____
E-mail : _____
Password : _____
Contact : _____
Notes : _____
Last Updated : _____

Website :

Username : _____
E-mail : _____
Password : _____
Contact : _____
Notes : _____
Last Updated : _____

Sports

Website :

Username : _____
E-mail : _____
Password : _____
Contact : _____
Notes : _____
Last Updated : _____

Website :

Username : _____
E-mail : _____
Password : _____
Contact : _____
Notes : _____
Last Updated : _____

Website :

Username : _____
E-mail : _____
Password : _____
Contact : _____
Notes : _____
Last Updated : _____

Website :

Username : _____
E-mail : _____
Password : _____
Contact : _____
Notes : _____
Last Updated : _____

Sports

Website :

Username : _____

E-mail : _____

Password : _____

Contact : _____

Notes : _____

Last Updated : _____

Website :

Username : _____

E-mail : _____

Password : _____

Contact : _____

Notes : _____

Last Updated : _____

Website :

Username : _____

E-mail : _____

Password : _____

Contact : _____

Notes : _____

Last Updated : _____

Website :

Username : _____

E-mail : _____

Password : _____

Contact : _____

Notes : _____

Last Updated : _____

Sports

Website :

Username : _____
E-mail : _____
Password : _____
Contact : _____
Notes : _____
Last Updated : _____

Website :

Username : _____
E-mail : _____
Password : _____
Contact : _____
Notes : _____
Last Updated : _____

Website :

Username : _____
E-mail : _____
Password : _____
Contact : _____
Notes : _____
Last Updated : _____

Website :

Username : _____
E-mail : _____
Password : _____
Contact : _____
Notes : _____
Last Updated : _____

Sports

Website :

Username : _____
E-mail : _____
Password : _____
Contact : _____
Notes : _____
Last Updated : _____

Website :

Username : _____
E-mail : _____
Password : _____
Contact : _____
Notes : _____
Last Updated : _____

Website :

Username : _____
E-mail : _____
Password : _____
Contact : _____
Notes : _____
Last Updated : _____

Website :

Username : _____
E-mail : _____
Password : _____
Contact : _____
Notes : _____
Last Updated : _____

Memberships

Website :

Username : _____

E-mail : _____

Password : _____

Contact : _____

Notes : _____

Last Updated : _____

Website :

Username : _____

E-mail : _____

Password : _____

Contact : _____

Notes : _____

Last Updated : _____

Website :

Username : _____

E-mail : _____

Password : _____

Contact : _____

Notes : _____

Last Updated : _____

Website :

Username : _____

E-mail : _____

Password : _____

Contact : _____

Notes : _____

Last Updated : _____

Memberships

Website :

Username : _____

E-mail : _____

Password : _____

Contact : _____

Notes : _____

Last Updated : _____

Website :

Username : _____

E-mail : _____

Password : _____

Contact : _____

Notes : _____

Last Updated : _____

Website :

Username : _____

E-mail : _____

Password : _____

Contact : _____

Notes : _____

Last Updated : _____

Website :

Username : _____

E-mail : _____

Password : _____

Contact : _____

Notes : _____

Last Updated : _____

Memberships

Website :

Username : _____

E-mail : _____

Password : _____

Contact : _____

Notes : _____

Last Updated : _____

Website :

Username : _____

E-mail : _____

Password : _____

Contact : _____

Notes : _____

Last Updated : _____

Website :

Username : _____

E-mail : _____

Password : _____

Contact : _____

Notes : _____

Last Updated : _____

Website :

Username : _____

E-mail : _____

Password : _____

Contact : _____

Notes : _____

Last Updated : _____

Memberships

Website :

Username : _____

E-mail : _____

Password : _____

Contact : _____

Notes : _____

Last Updated : _____

Website :

Username : _____

E-mail : _____

Password : _____

Contact : _____

Notes : _____

Last Updated : _____

Website :

Username : _____

E-mail : _____

Password : _____

Contact : _____

Notes : _____

Last Updated : _____

Website :

Username : _____

E-mail : _____

Password : _____

Contact : _____

Notes : _____

Last Updated : _____

Memberships

Website :

Username : _____

E-mail : _____

Password : _____

Contact : _____

Notes : _____

Last Updated : _____

Website :

Username : _____

E-mail : _____

Password : _____

Contact : _____

Notes : _____

Last Updated : _____

Website :

Username : _____

E-mail : _____

Password : _____

Contact : _____

Notes : _____

Last Updated : _____

Website :

Username : _____

E-mail : _____

Password : _____

Contact : _____

Notes : _____

Last Updated : _____

Kids

Website :

Username : _____

E-mail : _____

Password : _____

Contact : _____

Notes : _____

Last Updated : _____

Website :

Username : _____

E-mail : _____

Password : _____

Contact : _____

Notes : _____

Last Updated : _____

Website :

Username : _____

E-mail : _____

Password : _____

Contact : _____

Notes : _____

Last Updated : _____

Website :

Username : _____

E-mail : _____

Password : _____

Contact : _____

Notes : _____

Last Updated : _____

Kids

Website :

Username : _____
E-mail : _____
Password : _____
Contact : _____
Notes : _____
Last Updated : _____

Website :

Username : _____
E-mail : _____
Password : _____
Contact : _____
Notes : _____
Last Updated : _____

Website :

Username : _____
E-mail : _____
Password : _____
Contact : _____
Notes : _____
Last Updated : _____

Website :

Username : _____
E-mail : _____
Password : _____
Contact : _____
Notes : _____
Last Updated : _____

Kids

Website :

Username : _____
E-mail : _____
Password : _____
Contact : _____
Notes : _____
Last Updated : _____

Website :

Username : _____
E-mail : _____
Password : _____
Contact : _____
Notes : _____
Last Updated : _____

Website :

Username : _____
E-mail : _____
Password : _____
Contact : _____
Notes : _____
Last Updated : _____

Website :

Username : _____
E-mail : _____
Password : _____
Contact : _____
Notes : _____
Last Updated : _____

Kids

Website :

Username : _____

E-mail : _____

Password : _____

Contact : _____

Notes : _____

Last Updated : _____

Website :

Username : _____

E-mail : _____

Password : _____

Contact : _____

Notes : _____

Last Updated : _____

Website :

Username : _____

E-mail : _____

Password : _____

Contact : _____

Notes : _____

Last Updated : _____

Website :

Username : _____

E-mail : _____

Password : _____

Contact : _____

Notes : _____

Last Updated : _____

Kids

Website :

Username : _____
E-mail : _____
Password : _____
Contact : _____
Notes : _____
Last Updated : _____

Website :

Username : _____
E-mail : _____
Password : _____
Contact : _____
Notes : _____
Last Updated : _____

Website :

Username : _____
E-mail : _____
Password : _____
Contact : _____
Notes : _____
Last Updated : _____

Website :

Username : _____
E-mail : _____
Password : _____
Contact : _____
Notes : _____
Last Updated : _____

Website:

Username: _____
E-mail: _____
Password: _____
Contact: _____
Notes: _____
Last Updated: _____

Website:

Username: _____
E-mail: _____
Password: _____
Contact: _____
Notes: _____
Last Updated: _____

Website:

Username: _____
E-mail: _____
Password: _____
Contact: _____
Notes: _____
Last Updated: _____

Website:

Username: _____
E-mail: _____
Password: _____
Contact: _____
Notes: _____
Last Updated: _____

Website :

Username : _____
E-mail : _____
Password : _____
Contact : _____
Notes : _____
Last Updated : _____

Website :

Username : _____
E-mail : _____
Password : _____
Contact : _____
Notes : _____
Last Updated : _____

Website :

Username : _____
E-mail : _____
Password : _____
Contact : _____
Notes : _____
Last Updated : _____

Website :

Username : _____
E-mail : _____
Password : _____
Contact : _____
Notes : _____
Last Updated : _____

Website :

Username : _____
E-mail : _____
Password : _____
Contact : _____
Notes : _____
Last Updated : _____

Website :

Username : _____
E-mail : _____
Password : _____
Contact : _____
Notes : _____
Last Updated : _____

Website :

Username : _____
E-mail : _____
Password : _____
Contact : _____
Notes : _____
Last Updated : _____

Website :

Username : _____
E-mail : _____
Password : _____
Contact : _____
Notes : _____
Last Updated : _____

Website :

Username : _____
E-mail : _____
Password : _____
Contact : _____
Notes : _____
Last Updated : _____

Website :

Username : _____
E-mail : _____
Password : _____
Contact : _____
Notes : _____
Last Updated : _____

Website :

Username : _____
E-mail : _____
Password : _____
Contact : _____
Notes : _____
Last Updated : _____

Website :

Username : _____
E-mail : _____
Password : _____
Contact : _____
Notes : _____
Last Updated : _____

Website :

Username : _____
E-mail : _____
Password : _____
Contact : _____
Notes : _____
Last Updated : _____

Website :

Username : _____
E-mail : _____
Password : _____
Contact : _____
Notes : _____
Last Updated : _____

Website :

Username : _____
E-mail : _____
Password : _____
Contact : _____
Notes : _____
Last Updated : _____

Website :

Username : _____
E-mail : _____
Password : _____
Contact : _____
Notes : _____
Last Updated : _____

Website :

Username : _____
E-mail : _____
Password : _____
Contact : _____
Notes : _____
Last Updated : _____

Website :

Username : _____
E-mail : _____
Password : _____
Contact : _____
Notes : _____
Last Updated : _____

Website :

Username : _____
E-mail : _____
Password : _____
Contact : _____
Notes : _____
Last Updated : _____

Website :

Username : _____
E-mail : _____
Password : _____
Contact : _____
Notes : _____
Last Updated : _____

Website:

Username:
E-mail:
Password:
Contact:
Notes:
Last Updated:

Website:

Username:
E-mail:
Password:
Contact:
Notes:
Last Updated:

Website:

Username:
E-mail:
Password:
Contact:
Notes:
Last Updated:

Website:

Username:
E-mail:
Password:
Contact:
Notes:
Last Updated:

Website :

Username : _____
E-mail : _____
Password : _____
Contact : _____
Notes : _____
Last Updated : _____

Website :

Username : _____
E-mail : _____
Password : _____
Contact : _____
Notes : _____
Last Updated : _____

Website :

Username : _____
E-mail : _____
Password : _____
Contact : _____
Notes : _____
Last Updated : _____

Website :

Username : _____
E-mail : _____
Password : _____
Contact : _____
Notes : _____
Last Updated : _____

Website :

Username :
E-mail :
Password :
Contact :
Notes :
Last Updated :

Website :

Username :
E-mail :
Password :
Contact :
Notes :
Last Updated :

Website :

Username :
E-mail :
Password :
Contact :
Notes :
Last Updated :

Website :

Username :
E-mail :
Password :
Contact :
Notes :
Last Updated :

Website :

Username : _____

E-mail : _____

Password : _____

Contact : _____

Notes : _____

Last Updated : _____

Website :

Username : _____

E-mail : _____

Password : _____

Contact : _____

Notes : _____

Last Updated : _____

Website :

Username : _____

E-mail : _____

Password : _____

Contact : _____

Notes : _____

Last Updated : _____

Website :

Username : _____

E-mail : _____

Password : _____

Contact : _____

Notes : _____

Last Updated : _____

www.ingramcontent.com/pod-product-compliance
Lightning Source LLC
Chambersburg PA
CBHW051257050326
40689CB00007B/1229